Brinx/Kömmerling

Plätzchen Punsch & Märchenprinz

Thienemann

Blauauge

Samstagmorgen, zehn Uhr. Träge schlage ich die Augen auf und schaue aus dem Fenster.

Draußen kann sich das Wetter nicht entscheiden, ob Schnee oder Regen, aber das ist mir egal. Der perfekte Tag liegt vor mir. Keine Schule und jede Menge Zeit, um mit Julia und Melli shoppen zu gehen.

Zufrieden schäle ich mich aus dem Bett, schlurfe barfuß Richtung Klo und erstarre. Die Wohnungstür steht halb offen. Käse! Auf Zehenspitzen schleiche ich hin und inspiziere sie genauer. Der Schlüssel steckt außen im Schloss. Oberkäse! Ich schließe leise die Tür und schleiche weiter in die Küche. Da, das nächste Indiz. Auf dem Tisch liegt ein Stück Gouda, in das jemand gierig seine Zähne geschlagen hat. Stinkekäse! Und als brauchte ich noch einen zusätzlichen Beweis, finde ich vor Mamas Tür einen achtlos hingeworfenen Strumpf, nur einen wohlgemerkt.

Jetzt ist die Sache klar. Mama

hat gestern einen weggezischt, es gerade noch zu uns in den vierten Stock geschafft und ewig lang am Türschloss rumgenestelt, bis sie endlich den Schlüssel ins Schloss getroffen hat. Davon war sie so entkräftet, dass sie gleich in die Küche wanken musste, um sich dort an einem unschuldigen Gouda zu vergehen, der mal davon geträumt hat, in feine Scheibchen geschnitten zu werden. Danach hatte sie nur noch genügend Energie, einen Strumpf auszuziehen, bevor sie ohnmächtig aufs Bett gesunken ist.

Ich verziehe das Gesicht.

Okay, so schlimm versackt sie nur ungefähr zweimal im Jahr, aber von seiner eigenen Mutter kann man trotzdem etwas mehr vorbildhaftes Verhalten erwarten, oder? Vielleicht sollte ich mal das Jugendamt anrufen. Kurz denke ich daran, Beweisfotos von ihr zu schießen, die ich ihr dann bei passender Gelegenheit unter die Nase halten kann, entscheide mich aber dagegen und husche ins Bad.

Jetzt nur keinen Fehler machen, sonst ist der Tag ruiniert. In Windeseile und ganz gegen meine Art bin ich schon nach einer halben

Stunde fertig, schmeiße mich in meine Klamotten, schreibe ihr schnell einen Zettel und lege meine Hand auf den Griff der Wohnungstür, da dringt eine schwache, sehr schwache Stimme aus Mamas Zimmer an meine Ohren.

»Pia!«

Ich drücke die Klinke runter. Wenn ich jetzt ganz leise bin, kann ich hinterher behaupten, ich wäre schon weggewesen.

»Pia!«

Tür auf und ...

Zu spät. Meine Mutter, besser gesagt, das, was von ihr übrig ist, blinzelt in den Flur. Wirres Haar,

Schminke verlaufen, Strumpf auf Halbmast.

»Ach, Mama!«

»Willst du schon weg?«

»Bin verabredet«, hüstle ich, weil es eigentlich erst in einer Stunde so weit ist.

»Ich dachte, du könntest für mich auf den Markt.«

Mist! Genau das habe ich befürchtet. Der Markt. Hasswort des Jahrtausends. Seit gefühlten siebenhundert Jahren hat meine Mutter einen Stand auf dem Weihnachtsmarkt und verkauft dort lustige Fingerpuppen, die sie das ganze Jahr über aus Pappmachee und Filz bastelt. Jeden, den sie zu fassen kriegt, spannt sie für ihre Sache ein, und wen kann sie am leichtesten fassen? Mich natürlich. Seitdem Papa weg ist, bin ich ihr bevorzugtes Opfer. Manchmal denke ich, sie hat mich nur auf die Welt gebracht, damit sie mich in ihren öden Stand stellen kann.

Das ist Kinderarbeit. Ich schreibe an Unicef. Jawohl!

»Mir geht's heute nicht so gut. Weißt du!«, krächzt meine Mutter und fasst sich theatralisch an den Hals.

»Kein Wunder!«, sage ich vieldeutig.

Mama zieht beleidigt die Nase hoch. »Ich weiß nicht, was du damit sagen willst.«

Ich schaue sie leicht überheblich von unten an, um ihr zu zeigen, dass sie das sehr genau weiß, und prompt springt sie darauf an.

»Man wird doch wohl noch ein Tässchen Glühwein trinken dürfen.«

»Eins?«

»Oder auch zwei. Schließlich stehe ich den ganzen Tag in der Kälte und schufte. Übrigens auch für dich. Aber wenn du meinst, dass du unbedingt gehen musst, geh ruhig. Amüsier dich. Fühl dich frei. Ich komme schon zurecht.«

Theatralisch hustend tappt sie Richtung Küche.

Biest!

»Ho, ho, ho, guten Morgen!«

Der Weihnachtsmann steht vor mir und bimmelt so laut mit seiner Glocke, dass mir gleich die Ohren abfallen, mir, der begeisterten Fingerpuppenfachfrau. Ich bin einfach zu gut für diese Welt. Vielleicht werde ich die zweite Mutter Teresa. Mutter Pia, bitte für uns!

Mit eingezogenen Schultern

habe ich mich durch den Schneeregen gekämpft und mich damit getröstet, dass bei dem Sauwetter eh keiner kommt, aber kaum war ich da, haben sich alle Wolken wie auf Kommando verzogen, und jetzt knallt die Sonne vom eisigen Himmel, und die Leute fallen in Strömen in den Weihnachtsmarkt ein, als gäbe es was umsonst. Glühweinschwaden wabern umher, das Kinderkarussell verstopft die Ohren mit der ewig gleichen Drehorgelpampe und ich friere mir hier in Mamas Frostbude die Zehen ab. Wenn wenigstens die anderen dabei wären, aber sie haben dankend abgelehnt, als ich sie angerufen habe. Miststücke!

Immerhin schaffe ich es, um mich herum eine so negative Aura aufzubauen, dass sich keiner an den Stand traut. Nur der blöde Weihnachtsmann ist immun dagegen.

»Wie geht es dir, mein Kind?«

Kind? Hallo? Sieht dieser Weißbart nicht, dass ich die Schwelle zum Frausein im Eiltempo überschritten habe? Muss ich meine Jacke aufreißen, damit er merkt, dass eine geballte Ladung Frau vor ihm steht?

»Warst du auch schön artig?«

»Haben Frösche Blähungen?«, antworte ich wie aus der Pistole geschossen, woraufhin der Weihnachtsmann mich verwirrt anschaut und krampfhaft zu überlegen scheint, was ich damit sagen will. Ich überlege auch, weil ich es genauso wenig weiß wie er. Das passiert mir manchmal. Die Worte fallen einfach so aus meinem Mund. Gestatten, Pia Mönckenberg. Das Mädchen, das schneller spricht als sein Schatten.

Schließlich entscheidet die Rotmütze, dass ich es lustig gemeint habe, kramt umständlich in ihrem Sack rum, zieht nach ungefähr drei Stunden einen Lutscher raus, schenkt ihn mir und sieht zu, dass sie Land gewinnt.

Aber die Ruhe währt nicht lange, denn jetzt fallen zwei Minizwillinge über mich her und begrapschen jede Puppe, die sie in ihre schmierigen Waffelfinger kriegen können. Dann wollen die Biester auch noch, dass ich ihnen was vorspiele.

»Nix da!«, knurre ich, da drängt sich eine aufgemotzte Tussi im Pelzmantel zwischen sie, wahrscheinlich ihre Mutter.

»Wenn du was verkaufen möchtest, musst du dich schon ein

bisschen anstrengen«, sagt sie schnippisch.

Bin ich hier die Märchentante, oder was? Und wie soll ich was vorspielen, wenn meine Finger sich anfühlen wie tiefgefrorene Surimistäbchen? Andererseits wäre es nicht schlecht, langsam mal was zu verkaufen, denke ich und nicke. »Na gut, wer soll mitspielen?«

Während die Grapschfinger auf mich einbrüllen, macht sich ihre Mutter vom Acker. »Also, Jan Luca Sebästschen und Perry Blue Moon, seid schön brav, Mami ist in spätestens einer halben Stunde wieder da.«

Bitte? Entsetzt schaue ich ihr nach, bis Jan Luca Moon oder wie er heißt mit einer Fingerpuppe nach mir schmeißt. »Geht's jetzt endlich los?«

Und wie es gleich losgeht! Gut, dass ich kürzlich mit den Mädels den *Friedhof der Kuscheltiere* geguckt habe. Wenn der nicht genug Inspiration für diese eineiigen Kindergartenmonster liefert! Ich stülpe mir ein süßes Häschen über den Finger und verziehe mich hinter eins von Mamas Koffertheatern. Vorhang auf.

Spot auf das Häschen, das seelenruhig vor sich hinschlummert, bis es plötzlich von einem seltsamen Knarzen geweckt wird.

Erschrocken richtet es sich auf. »Was war das?«

Nun ein Flüstern und Wispern.

»Hallo!«

Wieder das Knarzen.

»Mama? Papa?«

Aber Mama und Papa antworten nicht, sooft das Häschen auch ruft. Panisch weckt es den kleinen Frosch, seinen Freund. Aber als der die Augen aufschlägt, leuchten die so seltsam grün, dass das Häschen ihn gar nicht wiedererkennt.

»Frosch, was ist mit dir?«, fragt

es ängstlich und hört plötzlich einen grauenhaften Schrei.

»Aaaaaaaaaaaaaahhhhhhhh!«

Neugierig schaue ich über den Theaterrand, wie der Schrei angekommen ist. Die Zwillinge sind spurlos verschwunden, dafür blicke ich direkt in die leuchtend blauen Funkelaugen von einem Jungen, der die Schwelle zum Mannsein auch eindeutig überschritten hat.

»Coole Horrorshow.« Grinsend streicht er sich seine lässigen, langen blonden Haare aus dem Gesicht. »Aber falls ich mal mit meinem kleinen Bruder vorbeikomme, wäre es mir lieber, du hättest auch was Nettes auf Lager.«

Pia Mönckenberg, das Mädchen, das plötzlich langsamer denkt als eine Nacktschnecke im künstlichen Koma. Liegt es daran, dass er so gut aussieht, dass selbst meine seit Ewigkeiten abgestorbenen Zehen wieder zum Leben erwachen?

»Was mit Ernie und Bert, zum Beispiel. Das sind nämlich seine absoluten Lieblinge!«

Während er unser Sortiment in Augenschein nimmt, fische ich verzweifelt im weiten Meer der Worte nach den richtigen und stoße schließlich »Krümelmonster« hervor, womit er aber nicht viel anfangen kann, so ratlos, wie er mich anschaut.

»Meine Lieblingsfigur«, stottere ich.

»Meine auch!«

»Echt?«

Er nickt und vertieft sich wieder in die wunderbare Welt der Puppen.

Wir haben was gemeinsam, wir sind füreinander geschaffen, jubiliere ich innerlich und gucke ihm nervös dabei zu, wie er die Figuren inspiziert. Kritisch, wie ich finde. Deswegen werfe ich vorsichtshalber »Na ja, es gibt schönere!« ein.

»Echt? Ich finde die total süß!«

»Ja, find ich auch. Supersüß. Und echte Handarbeit natürlich. Mama hat's total raus.«

»Nur leider kein Ernie und kein Bert«, sagt Blauauge enttäuscht.

»Echt nicht?« Hektisch gehe ich die Puppen durch. Das ist mal wieder typisch Mama. Es wimmelt vor Königen, Kaspern und Räubern, aber die wirklich wichtigen Figuren hat sie natürlich nicht im Sortiment.

»Schade, wäre das perfekte Geschenk für den Kleinen gewesen.«

Entschuldigend zucke ich mit den Schultern und überlege fieberhaft, was ich jetzt sagen könnte, um sexy, souverän und gleichzeitig ungemein klug zu wirken, da schiebt sich ein älteres Ehepaar ins Bild und nimmt mich komplett in Beschlag.

»Ach, nein, wie süß! Schau doch mal, Bertram!«, kreischt die Frau auf und dann durchlöchert sie mich so mit Fragen, dass ich mich nicht mehr um meinen zukünftigen Ehemann kümmern kann, der mir jetzt zuwinkt und geht. Geht!!!!! Das darf er nicht, das darf nicht sein.

»Und wie viel kosten die Krokodile?«

»Auch sechs Euro!«

»Und die Clowns?«

»Auch. Alle!«

In meinem Kopf rattert es. Ich muss ihn aufhalten, irgendwie, aber jetzt verliere ich ihn schon aus dem Blick.

»Und die Theater?«

»Welche Theater?«

»Na, welche wohl?«

»40!«

»Dann nehmen wir fünf und für jedes zehn Puppen. Oder was meinst du, Berti?«

Berti? Das ist es. »Bin gleich

wieder da«, kreische ich hysterisch, spurte aus dem Stand und schaue mich um. Wo steckt er? Wo ist er hin?

»Aber Frollein«, versucht mich die Oma aufzuhalten, doch da verschwinde ich schon in der Menge. Ich muss ihn finden, unbedingt. Wir lieben beide das Krümelmonster. Das muss doch was bedeuten! Verzweifelt klappere ich die Stände ab, das Karussell, nichts.

Soll's das gewesen sein? Werden wir uns nie wiedersehen? Gerade will ich umkehren, da sehe ich ihn. An der Bushaltestelle. Und vor ihm der Bus.

»Warte!«, rufe ich, spurte zu ihm und halte ihn am Ärmel fest.

Erstaunt dreht er sich um und lässt ein süßes Lächeln über sein Gesicht gleiten, als er mich erkennt.

»Ich kann dir Ernie und Bert besorgen«, keuche ich. »Meine Mutter macht sie für dich. Bestimmt.«

»Cool!«, freut er sich. »Nächsten Samstag?«

Ich nicke beseelt.

»Okay, bis dann!« Er drückt sich in den Bus. Im nächsten Moment schließen sich die Türen und der Bus fährt ab.

Mit klopfendem Herzen schaue ich ihm nach und kehre zum Stand zurück.

Meine Mutter ist da und wirft mir einen seltsamen Blick zu. Vielleicht, weil ich nicht da war und den Stand allein gelassen habe. Vielleicht weil die Oma ihr gerade sagt, dass sie ihre Geschenke lieber woanders kauft, wenn man sie so unverschämt behandelt wie ich, vielleicht weil die Pelzmanteltussi gleichzeitig mit der Polizei droht, weil ich ihren sensiblen Fratzen Angst eingejagt habe. Vielleicht auch wegen allem zusammen.

Mir doch egal. Ich werde Blauauge wiedersehen. Und das ist das Einzige, was zählt.

Eiskalte Schultern

»Er ist soooo süß! Das könnt ihr euch nicht vorstellen.«

Seitdem ich die Mädels vor dem Brunnen am Rathaus getroffen habe, schwärme ich ihnen von Blauauge, dem schönsten Jungen diesseits und jenseits des Äquators, vor. Vor zwei Stunden habe ich ihn auf dem Weihnachtsmarkt kennengelernt und ich hab immer noch weiche Knie. Eigentlich will sich Julia eine neue Jeans zulegen, aber bis jetzt haben wir es erst in die Hutabteilung vom nächsten Kaufhaus geschafft, weil die beiden jedes kleinste Detail wissen wollen.

»Und was hat er dann gesagt?«, fragt Julia aufgeregt.

Ich setze mir einen Tirolerhut auf und jodle.

»Sag schon!«

»Dass das Krümelmonster auch seine Lieblingsfigur ist.«

»Ist ja süß. Dann könnt ihr beiden zusammen schnullern und euch dabei die Sesamstraße angucken«, lästert Melli und wählt für sich einen riesigen, vornehmen

Hut, mit dem sie glatt als Königin Mutter durchgehen könnte.

»Wir haben auch noch mehr gemeinsam.«

»Was denn?«

»Alles. Wir haben uns super unterhalten«, lüge ich, um ihr kleines Lästermaul zu stopfen.

Julia drapiert eine Baskenmütze auf ihre Locken. »Das ist ungerecht. Ich krieg kein vernünftiges Wort raus, sobald Leo auch nur in die Nähe kommt.«

»Nicht nur bei Leo!«, spottet Melli, woraufhin ihr Julia zur Strafe den Hut über die Augen zieht und wir hochkant aus der Hutabteilung fliegen. Gackernd betreten wir die Rolltreppe und lassen uns zu den Jeans chauffieren.

»Und wie heißt dein Wunderknabe?«, bohrt Melli weiter. Sie hebt überrascht eine Augenbraue, als ich mit den Schultern zucke. »Ich dachte, ihr habt euch so gut unterhalten!«

»Wir haben vor lauter Quatschen eben nicht daran gedacht«, behaupte ich und erzähle den beiden, dass wir uns in genau einer Woche wiedersehen, wenn er Ernie und Bert vom Stand abholt.

Beim Gedanken daran werde ich so kribbelig, dass ich drei Jeans anprobieren muss, um mich halbwegs zu beruhigen. Eine Woche. Wie soll ich die überstehen? Und wie geht es weiter? Er holt die Fingerpuppen ab und dann? Was, wenn er einfach Tschüss sagt und für immer verschwindet?

»Du lädst ihn zu unserem Adventsding ein!«, sagt Melli und quetscht ihren Zickenhintern in eine hautenge Jeans. »Ich muss diesen Wunderknaben unbedingt kennenlernen.«

Das Adventsding! Alte Tradition von uns. Julia macht das Osterding, Melli das Halloweending und ich bin für das Adventsding zuständig. Dazu lädt man ein paar Leute ein und serviert Punsch und selbst gebackene Plätzchen bis zum Abwinken.

Ob er kommen würde?, frage ich mich, während ich nach dem Shoppen bei uns in der Küche sitze und meinen Tee umrühre.

»Denke an schöne Junge?«

Erschrocken schaue ich auf und sehe Alva, unsere Putze aus Ecuador, die gerade den Staubsauger in die Küche schleppt.

»Seh ich so aus?«

Sie lässt lächelnd ihre Hand

kreisen. »Rühre, rühre, rühre. Seit Stunden. Mache ich auch so, wenn liebe schöne Mann!«

Wusch, ich laufe rot an und wechsle lieber das Thema. »Kannst du mir mal das Rezept von deinen intergalakatischen Plätzchen geben?«

»Aaaah, verstehe. Liebe geht durch Magen!« Sie lächelt mich verschwörerisch an.

Übertrieben genervt verdrehe ich die Augen.

»Besser ich dir gebe andere Rezept. Mit die Rezept du kannst haben jede Mann.«

»Klar, sonst noch was?«, sage

ich und lache, doch Alva meint es ernst.

»Mann kann nix machen, isst Plätzchen, liebt dich sofort!«

»Kommen da Drogen rein?«, frage ich misstrauisch.

»Nix Drogen, aber spezielle Sachen.«

Ich schaue nachdenklich zu, wie Alva den Staubsauger in die Abstellkammer stellt. Sie glaubt das wirklich, aber das kann doch gar nicht sein. Wie soll das gehen? Und überhaupt, Blauauge soll sich auch ohne irgendwelche geheimnisvollen Plätzchen unsterblich in mich verknallen. Jawohl!

Alva taucht wieder aus der Abstellkammer auf. »Und schmecke auch gut, die Plätzchen.«

»Hört mir bloß auf mit Plätzchen!« Meine Mutter stapft mit beschlagenen Brillengläsern in die Küche, entledigt sich ihrer tropfnassen Regenjacke und lässt sich erschöpft auf einen Stuhl fallen. »Ich kann dieses Süßzeug nicht mehr sehen. Dauernd wird mir was angeboten. Ich werde noch so fett wie die Trulla in der Würstchenbude. Aber man kann ja schon froh sein, wenn man überhaupt zum Essen kommt bei dem Andrang.«

So geht das jeden Abend, wenn Mama vom Markt kommt, und normalerweise schalte ich komplett auf Durchzug oder verdufte in mein Zimmer, aber heute muss ich dafür sorgen, dass sie mir Ernie und Bert als Supersonderanfertigung für Blauauge bastelt. Da ist psychologische Kriegsführung auf höchstem Niveau angesagt. *Punkt 1*: Wohlgefühl herstellen.

»Ich mach dir schnell ein paar Nudeln mit Tomatensauce. Okay?« Beflissen räume ich Mamas Jacke weg. »Gläschen Wein?«

»Kann das sein, dass hier jemand ein schlechtes Gewissen hat?«

»War nicht mein Tag heute auf dem Markt«, sage ich betont zerknirscht und zaubere Mama im Nu das perfekte Dinner.

Als sie endlich satt ist und sich zufrieden gähnend über ihr Sudokurätsel beugt, starte ich beiläufig den Angriff. »Da hat übrigens jemand bei mir nach Ernie und Bert gefragt.«

Ohne aufzublicken, schüttelt Mama den Kopf. »Typisch. Diese Idioten wollen immer genau das, was ich nicht habe.«

»Ja, typisch. Ich hab mir echt

den Mund fusselig geredet, damit er sich andere Puppen aussucht.« *Punkt 2*: Verständnis zeigen.

»Aber er braucht sie halt für seinen kleinen, kranken Bruder. Das sind nämlich seine Lieblingsfiguren.« *Punkt 3*: Die Mitleidmasche.

»Und ich brauche abends meine Ruhe.«

»Der ist sogar sehr krank!«

»Ich fühl auch schon wieder einen Schnupfen raufziehen, dabei kann ich mir den nun wirklich nicht leisten.«

Ich verziehe das Gesicht. Mama ist genauso stur, wie ich befürchtet habe.

Punkt 4: Unter Drogen setzen. »Noch etwas Wein?«

Mama schaut von ihrem Rätselheft auf und mustert mich. »Kann es vielleicht sein, dass du sie ihm schon versprochen hast?«

Punkt 5: An ihren Geschäftssinn appellieren. »Du sagst doch immer, der Rubel muss rollen!«

»Weißt du eigentlich, wie man sich fühlt, wenn man jeden Tag siebzehn Stunden in der Kälte steht? Glaubst du, dann hat man noch Lust auf Sonderwünsche?«

Siebzehn Stunden! Mama übertreibt mal wieder maßlos. Da

hilft nur eins. *Punkt 6*: Ihren Ehrgeiz wecken. »Was sollte ich denn machen? Dieser Typ hat doch glatt behauptet, du würdest sie wahrscheinlich eh nicht hinkriegen.«

»Wie bitte? Wie kommt er denn darauf?«

Ich zucke mit den Schultern.

»Also, das wollen wir doch mal sehen!«

»Genau. Zeig's ihm, Mama! Ich übernehme dafür auch am nächsten Samstag den Stand. Okay?«

»Aber nur wenn du mehr Einsatz zeigst als heute.«

»Mach ich. Ganz bestimmt.«

Meine Mutter vertieft sich grummelnd wieder in ihr Heft. »Also Leute gibt es, wirklich. Ich und das nicht hinkriegen, was bildet der sich denn ein?«

Ich gebe ihr einen Kuss, wünsche eine gute Nacht und gehe mit einem satten Grinsen Richtung Tür. Gewonnen.

Ich bin schon fast draußen, da hat Mama aber noch was auf dem Herzen. »So eine Sonderanfertigung braucht natürlich viel Zeit. Ich meine, wenn sie gut werden soll.«

Raffiniertes Luder! Übernehme ich eben auch am Sonntag den Stand. Den Rest der Woche fiebere ich auf Samstag hin und überlege krampfhaft, wie ich Blauauge erobern kann.

»Du musst nur geistreich, sexy und absolut umwerfend sein«, hat Melli mir mit auf den Weg gegeben, als ich mit den Mädels darüber gesprochen habe.

»Ha ha, so wie du bei Lukas vielleicht?«

Melli ist bei ihrem Schwarm genauso versteinert wie Julia bei ihrem.

»Jungs haben eben manchmal

Angst vor intelligenten Frauen«, schnippt sie zurück.

»Sei einfach nur du selbst«, rät mir Julia.

Ich kneife die Augen zusammen. »Ach, du meinst also, ich bin nicht geistreich, sexy und absolut umwerfend?«

»Oh, doch, doch, so habe ich das nicht gemeint«, beeilt sie sich mir zu versichern und wird rot wie ein Hummer.

»Was denkt ihr denn, Jungs?«, frage ich Ernie und Bert, die es sich auf meinen Zeigefingern bequem gemacht haben, während ich in Mamas Verwöhnschaumbad liege, das mich duftend und schön machen soll.

»Ich würde ihn einfach küssen«, antwortet Ernie und kichert. »Chhchchchchch!«

»Also, Ernie, bitte, Pia hat uns eine ernst gemeinte Frage gestellt und darf somit von uns eine wohlüberlegte Antwort erwarten«, ermahnt ihn Bert.

»Und die wäre?«, frage ich ihn.

»Also, äh ächem …«

Ich lege die beiden beiseite und blättere lieber Mamas Hochglanzfrauenzeitschrift durch. Mode, Mode, Mode. Warum kauft sie die eigentlich? Sie rennt doch sowieso immer im selben Schlabberpulli rum. Hinten wird es plötzlich spannend.

Wie Sie garantiert jeden schönen Mann erobern.

Aufgeregt lese ich den Artikel durch und auf einmal weiß ich, was ich zu tun habe.

Samstag. Halb zwölf. Seit einer halben Stunde stehe ich im Stand und warte darauf, dass er auftaucht. Zwei Stunden habe ich mit Mamas Zeitschrift im Bad verbracht und mich genauso aufgedonnert wie die Models. Dazu trage ich den hauchdünnen, bauchfreien Pulli, den ich mir im Sommer in Spanien zugelegt habe und der meine Figur so unglaublich gut akzentuiert. Darüber natürlich eine Jacke, denn es ist saukalt. *Machen Sie sich so schön und begehrenswert wie möglich.*

Unruhig trete ich von einem Fuß auf den anderen und halte Ausschau. Schneeflöckchen wirbeln durch die Luft. Eine Blaskapelle spielt Weihnachtslieder. Automatisch und wie ferngesteuert verkaufe ich Puppen und Koffertheater. Nur dumm, dass unter den Kunden kein schöner Mann ist. Dann könnte ich meine neue Strategie ausprobieren. *Schon gewusst? Schöne Männer langweilen sich zu Tode, wenn Frauen sie anhimmeln. Das tut schließlich jede. Zeigen Sie ihm die kalte Schulter und geben Sie sich geheimnisvoll! Das weckt seinen Jagdinstinkt.* Und ich Dummchen bin Blauauge auch noch hinterhergerannt. Was soll der von mir denken? Muss ich eben noch kälter und geheimnisvoller sein. Er muss mich einladen und nicht umgekehrt.

Zwölf. Wo bleibt er? Eigentlich müsste ich vor Hunger sterben, aber an Essen ist nicht zu denken. Erstens habe ich Bauchschmerzen vor Aufregung und zweitens verbreitet Currywurst meines Wissens nach nicht unbedingt eine geheimnisvolle Aura.

Halb eins. Mama ruft an: »Und? Wie viel hast du schon verkauft?«

Gerade will ich es ihr sagen, da entdecke ich Blauauge. Er schlendert am Karussell vorbei.

»Du, bin total im Stress«, würge ich Mama ab, schäle mich blitzschnell aus meiner Jacke und erstarre. Uff, ist das kalt, aber wer schön sein will, muss leiden. Jetzt steuert Blauauge auf mich zu.

Puh, ist er schön. Wäre mir nicht so kalt, würde ich schon wieder dahinschmelzen, aber das darf ich heute sowieso nicht. *Seien Sie kühl und geheimnisvoll! Langsam und lasziv!* Also sortiere ich langsam und lasziv die Fingerpuppen um und tue so, als wäre ich schwer beschäftigt. Jetzt ist er gleich da. Und wenn ich doch einfach nur versuche, ich selbst zu sein? Nichts da! Volle Konzentration. Jetzt!

»Hi, da bin ich wieder!«

Ich schaue kurz auf und werde von zwei strahlenden Augen geblendet.

»Hi!«, antworte ich. Kein Lächeln, nichts. Kalte Schulter pur. »Einen Moment!«

Langsam, sehr langsam fülle ich Fingerpuppen nach, dann wende ich mich ihm noch langsamer zu und versuche dabei verzweifelt, nicht vor Kälte und Aufregung zu zittern.

»Ist dir nicht kalt?«

»Mir ist nie kalt!« Dunkle, geheimnisvolle Stimme aus dem Bauch raus.

»Also, ich würde sterben, wenn ich so dünn angezogen wäre wie du.«

Bei mir kann es auch nicht

mehr lange dauern und plötzlich weiß ich genau, was mit kalte Schulter zeigen gemeint ist. Ich habe sogar zwei davon.

»Hast du die Puppen?«

Fragender Blick, als wüsste ich nicht mehr so genau, wer er ist. Ha!

Prompt wirkt er etwas verunsichert und pustet sich nervös eine Strähne aus den Leuchteaugen. »Ernie und Bert! Für meinen kleinen Bruder. Weißt du nicht mehr?«

»Doch, natürlich«, möchte ich schreien und sie ihm schenken und den Rest der Puppen noch dazu, aber stattdessen sage ich: »Ach die. Klar, ich erinnere mich.«

Langsam ziehe ich sie aus einer Kiste, gebe sie ihm und erstarre. Gegenüber am Glaskugelstand stehen Melli und Julia und heben ihre Daumen in meine Richtung. Was machen die denn hier?

»Echt nett von deiner Mutter, dass sie die extra für mich gemacht hat.«

Ich zucke mit den kalten Schultern. »Geschäft ist Geschäft. Brauchst du noch was anderes?«

»Dich«, könnte er jetzt sagen oder »ein Date mit dir«, aber

stattdessen schüttelt er nur den Kopf.

»Zwölf Euro.« Ich halte die Hand auf und beobachte ihn, wie er umständlich sein Portemonnaie rauskramt. Langsam sollte sein Jagdinstinkt aber geweckt, sein Ehrgeiz gepackt sein. Warum tut er nichts? Ob die kalte Schulter nur bei schönen Männern hilft und nicht bei schönen Jungs? Vielleicht muss ich auch noch die nächste Stufe zünden und in seinem Beisein mit anderen Jungs flirten, aber weit und breit ist nur der Weihnachtsmann zu sehen. Also zwinkere ich dem zu.

»Ho, ho, ho!«, ruft er und bimmelt mit seiner Glocke, während meine Freundinnen herumalbern und mir zu verstehen geben, dass ich meinen Traummann küssen soll, und er mir das Geld in die Hand drückt. Ganz kurz berühren wir uns dabei, und die Stelle ist die einzige an meinem Körper, die plötzlich ganz warm ist.

»Na dann!« Blauauge steckt sich Ernie und Bert an die Finger und winkt mir damit zu. Er wirkt dabei irgendwie traurig oder genervt oder beides. Hilfe, irgendwas läuft hier verdammt schief! Und dann taucht auch noch plötzlich wie aus dem Nichts meine Mutter auf. Ich ahne, was kommt, aber jetzt ist es zu spät, sie aufzuhalten.

»Ach, du bist der mit Ernie und Bert. Und? Habe ich sie hingekriegt?«, fragt sie schnippisch.

»Super!«

»Hättste wohl nicht gedacht, was? Tja, meine Junge, unterschätze nie eine Mönckenberg.« Sie schlendert weiter. »Bin noch kurz beim Glühwein.«

Blauauge versteht überhaupt nichts mehr, schaut mich verständnislos an und wendet sich zum Gehen.

»Warte!«, rufe ich ihm verzweifelt hinterher. Er darf jetzt nicht gehen.

Blauauge dreht sich zu mir um.

Und jetzt?

Ich weiß nicht, warum, aber ich schnappe mir einen Frosch und einen Bären, tauche hinter eins von Mamas Koffertheatern ab und lasse als Erstes den Frosch auf der Bühne erscheinen. »Ich wollte dich, äh, einladen … nächsten Samstag um fünf zu meinem Adventsding.«

Jetzt taucht der Bär auf. »Adventsding? Was soll denn das sein?«

»Es kommen ein paar Leute und es gibt Plätzchen und Punsch.«

»Oh ja, da komme ich auch«, lasse ich den Bären sagen.

»Nichts da«, quakt der Frosch und deutet dahin, wo ich Blauauge vermute. »Nur der da. Wenn er will.«

Hinter dem Theater kann ich ihn nicht sehen. Ist er überhaupt noch da oder spiele ich hier ohne Publikum?

Was mache ich überhaupt?, frage ich mich, da tippt plötzlich Ernie den Frosch an. »Gibt es da auch Kekse?«

Alvas Rezept

Meine scharfe Rezept, mit dem du kannst haben jede schöne Junge. Junge muss nur essen und bumm. Aber du kannst auch essen. Dann doppelt bumm. Verstehe?

Also, du brauchen:
100 g Zartbitterkuvertüre
200 g Marzipanrohmasse
4 Eiweiß
250 g Zucker
1 Prise Salz

100 g Mandeln (gemahlen)
100 g getrocknete Pflaumen (fein gehackt)
50 g Mehl
Mark einer halben Vanilleschote
1/4 TL Chili (gemahlen)
1/2 TL Hirschhornsalz
Backoblaten (5 cm Durchmesser)
100 g dunkle Kuchenglasur
50 g Vollmilchkuvertüre
3 Tränen

Und so du musst machen. Aber wichtig, muss volle Mond sein, sonst nix funktionieren. Und muss machen mit viel Liebe! Weil, gibst du Liebe, kriegst du Liebe. Verstehe?

50 g Zartbitterkuvertüre fein hacken.

Marzipan raspeln und mit dem Eiweiß, Zucker und Salz ca. 5 Minuten cremig rühren.

Dabei dreimal flüstern Name von schöne Junge.

Mandeln, Kuvertüre, Pflaumen, Mehl, Vanille und Chili untermischen.

Hirschhornsalz in 1 EL kaltem Wasser auflösen und ebenfalls untermischen.

Und ganz wichtig: Musst du jetzt fest denken an schöne Junge und weinen drei Tränen in Masse. Aber nix zwei oder vier, sonst Katastroph. Verstehe? Ach, und wichtig: Musst du vorher essen Schokolade, damit Tränen süß.

Die Masse mit einem Teelöffel auf den Backoblaten verteilen und ca. 2 Stunden ruhen lassen.

Ofen auf 180 Grad vorheizen. Lebkuchen ca. 15 bis 20 Minuten backen, dann abkühlen lassen. Die restliche Zartbitterkuvertüre und Kuchenglasur grob hacken und im heißen Wasserbad schmelzen lassen. Vollmilchkuvertüre in einen Gefrierbeutel füllen und eine kleine Ecke des Beutels abschneiden. Die Lebkuchen mit der Oberseite in die dunkle Schokolade tauchen, gut abtropfen lassen und mit der hellen Kuvertüre verzieren.

Machst du so die erste Buchstabe von dein Name. Dann doppelt gut.

Fertig. Aber nicht ganz. Machst du jetzt Augen zu. Hebst du Arme zum volle Mond. Dann fest denke, wie Junge dich küsst. Dann bald richtige Kuss.

Scharfe Plätzchen

Dreißig glänzende Plätzchen liegen vor uns, fein säuberlich angeordnet in Zehnerreihen, zehn mit einem J, zehn mit einem M und zehn mit einem P verziert.

»Machst du jetzt Augen zu. Hebst du Arme zum volle Mond. Dann fest denke, wie Junge dich küsst«, lese ich den Mädels das Ende des Rezepts vor.

Melli verschränkt die Arme vor der Brust. »Also, wenn das klappt, dürft ihr mich Kunigunde nennen.«

»Pssst, du darfst nicht zweifeln«, ermahnt Julia sie, »sonst wirkt der Zauber nicht!«

Von Anfang an war sie mit heiligem Ernst bei der Sache und auch ich habe mich von Alvas Rezept in den Bann ziehen lassen und stundenlang mit den Mädels darüber diskutiert, ob jede von uns drei Tränen in die Masse weinen darf oder ob wir den Teig in drei Teile teilen müssen.

»Na gut, wenn's sein muss«, seufzt Melli, schließt die Augen, hebt ihre Arme Richtung Vollmond und stellt sich hoffentlich vor, wie Lukas sie küsst. Ich habe kein Problem damit, mir einen Kuss von Pit vorzustellen, eigentlich mache ich nichts anderes seit letztem Samstag, als ich ihn zu unserem Adventsding eingeladen habe. Pit, ja, so heißt er. Ich habe ihn gefragt.

»Und du?«

»Pia!«

»Pia und Pit. Passt irgendwie«, hat er gesagt, mir noch mal mit Ernie und Bert zugewinkt und ist dann lässig davongeschlendert.

Völlig berauscht schaute ich ihm nach. Was hatte er damit gemeint? Dass wir zusammenpassen? Was sonst? Ich war so beseelt, dass ich nicht mal merkte, dass ich in meinem dünnen Pulli kurz vor dem Erfrierungstod stand.

Erst Melli und Julia, die sich, kaum war er weg, sofort auf mich stürzten, machten mich darauf aufmerksam, dass ich zitterte wie ein Affe in der Arktis.

»Zitterst du vor Kälte oder weil gerade der Wunderknabe vor dir gestanden hat?«, plapperte Melli los und kriegte sich gar nicht mehr ein. »Der ist ja noch viel schnuckeliger, als ich gedacht habe. Sag bitte, dass er einen Zwillingsbruder hat.«

»Nein, zwei!«, kreischte Julia hysterisch.

Umso stolzer war ich, als ich ihnen berichten konnte, dass er zum Adventsding kommen würde.

»So ein Glück möchte ich auch mal haben«, seufzte Julia.

»Leo kommt bestimmt auch«, tröstete ich sie gnädig im Hoch meiner Gefühle, da holte mich Melli hart auf den Boden zurück.

»Mag sein, dass dein Wunderknabe kommt, aber mach dir lieber nicht zu viele Hoffnungen. Also, wenn du mich fragst, ist der jeden Tag auf drei Partys, so wie der aussieht.«

Sumpfkuh! Trotzdem bin ich gleich nach dem Markt zu Alva und habe mir von ihr das Rezept geben lassen. Sicher ist sicher.

Ich schließe die Augen, hebe die Arme zum Mond und stelle mir vor, wie Pit mich in seine Arme schließt, mich mit seinen weichen Lippen anlächelt und küsst. So muss es einfach kommen, bitte!!!!

»Was ist denn hier los? Heilige Messe?«, platzt meine Mutter in die Küche und will sich gleich auf unsere Plätzchen stürzen. »Mmmh, die riechen aber gut.«

»Finger weg!« Gerade noch rechtzeitig kann ich ihr das Blech vor der Nase wegreißen und es in meinem Zimmer in Sicherheit bringen.

»Ob wir mal eins probieren?«, fragt Julia leise und streckt eine Hand aus. »Ich wüsste zu gern, wie sie wirken.«

Melli haut ihr auf die Finger. »Bloß nicht! Am Ende reißt du uns noch die Kleider vom Leib!«

Ich nicke, obwohl ich mich auch kaum beherrschen kann. »Die sind für Samstag und basta. Und kein Wort zu niemandem!«

Samstag, fünf Uhr. Das Advents-ding kann losgehen. Wir haben alles vorbereitet, mit Kerzen und Lichterketten eine romantische Adventsstimmung gezaubert, die beste Weihnachtsmusik rausgesucht, den Punsch aufgesetzt und noch Tonnen weiterer Plätzchen gebacken. Dann sind wir zusammen ins Bad und haben uns stundenlang gestylt. Jetzt stehen wir an der Tür und warten mit Weihnachtsmützen auf dem Kopf auf den ersten Gast. Durch das Treppenhaus dringt glockenhelles Gelächter zu uns rauf. Wir verziehen die Gesichter. Kein Pit, Leo oder

Lukas. Das können nur Hannah und Mitzi sein.

Als sie schwer schnaufend unsere Etage erreichen, begrüßen sie uns überschwänglich und wollen gleich die geheimnisvollen Plätzchen probieren.

Sauer schaue ich die Mädels an. Wer war das?

Eine läuft rot an. Julia!

»Ist mir leider so rausgerutscht«, entschuldigt sie sich, nachdem wir Mitzi und Hannah auf später vertröstet haben.

Die haben es aber natürlich auch gleich Doro und Natascha gesteckt. Super! Wenigstens haben die Jungs, die einer nach dem anderen einlaufen, keinen blassen Schimmer, was wir mit ihnen vorhaben.

Pit lässt auf sich warten, aber immerhin kreuzen Leo und Lukas auf, woraufhin sich Melli und Julia sofort in zwei Piepsmäuse verwandeln.

Kaum sind sie weiter ins Wohnzimmer, stöhnt Melli: »Ich brauch jetzt unbedingt ein Plätzchen!«, und stürzt in die Küche, wo wir die kostbaren Teile in einer roten Herzdose gebunkert haben. Die anderen Mädchen riechen gleich Lunte und plötzlich stehen sieben aufgeregte Weiber um die Dose herum und kriegen leuchtende Augen, als ich sie feierlich öffne. Vorsichtig nimmt sich jede eins und beißt andächtig hinein.

»Huuu, ganz schön scharf!«, meldet sich Hannah als Erste.

Melli grinst in die Runde. »Muss ja auch!«

Wir kichern albern.

»Aber lecker!«

»Und wie!«

»Und? Merkt ihr schon was?«, fragt Julia.

Wir horchen alle in uns rein. Mir ist warm, sehr warm. Das

kann aber auch daran liegen, dass der immer noch heiße Backofen meinen Hintern beheizt.

Plötzlich kreischt Mitzi auf. »Ich. Ich merk was. Oh Gott, ist das gut.« Hysterisch wirft sie sich Julia um den Hals. »Los, küss mich, Julia. Oh Julia!«

Dann kriegt sie den Lachflash des Jahrhunderts und alle stöhnen.

In dem Moment platzt Karl in die Küche. »Oh, cool, Damenkränzchen, darf ich mitmachen?«

»Bist du etwa eine?«, fragt Hannah.

»Klar, wusstest du das nicht«,

flötet er und schnappt sich, ehe wir uns versehen, drei von unseren wertvollen Plätzchen.

Dummerweise hat ihn keines der Mädels auf der Liste, sodass die Plätzchen verschwendet sind. Ich weiß sowieso nicht, ob der Zauber bei den anderen wirkt. Schließlich sind nur unsere Tränen drin. Fünf P-Plätzchen lasse ich in der Dose, den Rest verteilen wir auf einen Teller und dann geht es ran damit an die Jungs. Die Mädchen bieten sie ihnen als die Superspezialität an und ich renne zur Tür, weil es klingelt. Das muss Pit sein. Bitte! Aber es ist nur unser Nachbar, der Fingerpuppen kaufen möchte.

»Mama ist noch nicht da!«, knurre ich und mache ihm die Tür vor der Nase zu. Dann kehre ich zurück ins Wohnzimmer.

Der Plätzchenteller ist fast leer. Die Mädels zwinkern mir zu, nur Melli scheint ihres noch nicht an den Mann, sprich Lukas, gebracht zu haben.

»Probier doch mal, die sind echt lecker«, versucht sie sie ihm schmackhaft zu machen, aber er stopft sich lieber ein paar Vanillekipferl in den Mund.

»Nee, lass mal, die sind besser!«

»Denkst du vielleicht!«

»Weiß ich!«

Und zack, hat Karl auch schon das letzte geklaut. Sofort sendet Melli mir SOS-Blicke zu und lotst mich damit in die Küche.

»Ich brauche noch welche, unbedingt«, fleht sie mich an.

Weil sie es ist, rücke ich drei raus, sodass mir noch zwei bleiben.

»Danke«, haucht sie und ist auch schon wieder verschwunden.

Ich schaue auf die Uhr, schon Viertel vor sechs. Wo bleibt er nur? Wo bleibt Pit, verdammt?

Da endlich ertönt wieder die Klingel. Mein Herz hüpft bis in die Mütze. Ich lasse die Dose stehen und stürme zur Tür, reiße sie auf, lausche und versuche die Schritte zu deuten. Eigentlich hören sie sich nach Mama an, aber die hat einen Schlüssel und eigentlich noch längst nicht Feierabend. Nach ewig langer Zeit wird langsam jemand sichtbar. Es ist Mama!

»Juhu!«, keucht sie. »Hab meinen Schlüssel vergessen!«

»Aber es ist doch noch gar nicht acht«, entfährt es mir entgeistert.

»Hermi vertritt mich«, sagt sie gut gelaunt, schiebt mir eine eiskalte Hand in den Nacken, um mich zu ärgern, entledigt sich lachend ihrer Jacke und steuert direkt aufs Wohnzimmer zu. »Dann werde ich mal allen Hallo sagen!«

Auch das noch. Ich folge ihr genervt und bin heilfroh, dass die Plätzchen anscheinend nicht wirken. Niemand knutscht auch nur im Ansatz. Alle sitzen brav auf ihren Plätzen und albern rum oder schwingen Reden. Mama begrüßt sie, hofft, dass sie sich amüsieren und, typisch Mama, dass sie mal zu ihrem Stand kommen. Als alle »Ja, gern« geantwortet haben, verdrückt sie sich zufrieden in die Küche.

»Ich hab's endlich geschafft«, raunt Melli mir glücklich zu.

»Glückwunsch!«, sage ich und verziehe mich in mein Zimmer.

Wenn ich mich weit aus dem Fenster beuge, kann ich runter auf die Straße sehen. Dicke Flocken fallen vom Himmel auf die Menschen, die sich unten durch den Schnee kämpfen. Nur von Pit weit und breit keine Spur. Ob ich ihm doch zu zickig war? Vielleicht hat er ja auch eine Freundin, schießt es mir durch den Kopf. Oder sein Bruder ist krank geworden, weil ich es Mama gegenüber behauptet habe, und jetzt ist er mit ihm im Krankenhaus. Oh Gott! Alles ist möglich. Aber egal, was es ist, ich kann jetzt unmöglich bei den anderen sein. Sie haben die Musik aufgedreht. Tanzen wahrscheinlich.

Ich lehne mich weit aus dem Fenster und fange mit der Zunge Schneeflocken auf. Die Welt versinkt im Weiß. Wie gern würde ich jetzt mit Pit durch den Schnee rennen! Aber er kommt nicht. Pia Mönckenberg, das einsamste Mädchen der Welt.

Enttäuscht mache ich das

Fenster zu, pfeffere meine Weihnachtsmütze aufs Bett und will mich gleich hinterherwerfen, um dort für den Rest meines verkorksten Lebens zu bleiben, da klingelt mein Handy.

»Ja!«, melde ich mich knapp und halte die Luft an. Es ist Pit. Pit, der meine Hausnummer vergessen hat. »Siebzehn«, krächze ich und drücke, nachdem er aufgelegt hat, das Handy an mein Herz, das auf der Stelle schlägt, als hätte ich einen Zehnkilometersprint hinter mir.

Das gibt es nicht. Er kommt. Ist gleich da. Ich stelle mir vor, wie er mich mit seinen blauen Augen anblitzt und ich ihm eins von Alvas Geheimplätzchen unterjuble, da schiebt sich ein anderes, ein schreckliches Bild vor mein inneres Auge. Die Dose. Ich blöde Kuh habe sie in der Küche stehen lassen, als Mama geklingelt hat. Eine böse Vorahnung macht sich in mir breit. Panisch spurte ich aus dem Zimmer. Durch den Flur. Ins Wohnzimmer, wo es seltsamerweise sehr dunkel ist und eins, zwei, drei, vier Pärchen eng umschlungen zu langsamer Musik Schieber tanzen und Julia und Melissa auf dem Sofa mit Leo und

Lukas rumknutschen. Nur Karl ist solo und schaut mich seltsam an. Das gibt es doch nicht. Die Plätzchen scheinen sie tatsächlich verzaubert zu haben. Bevor Karl mich zum Tanzen auffordern kann, schiebe ich mich an den Tänzern vorbei und rase in die Küche.

Keiner da. Ich hetze zum Tisch. Auch nicht die Dose. Wo ist sie, verdammt? Wo sind meine Plätzchen? Jetzt klingelt es auch schon. Ich hetze zur Tür, drücke den Summer und renne zurück. Reiße Schränke auf, sogar den Kühlschrank. Nichts. Das darf doch nicht wahr sein. Der schönste

Junge der Welt ist auf dem Weg zu mir und der Schlüssel zu seinem Herzen ist weg. Ich bin verloren, werde wieder nur blöd rumstottern oder gar nichts sagen und ihn für immer verlieren.

»Pia! Besuch für dich!« Meine Mutter.

Ich hole tief Luft, ziehe meinen Rock glatt, bringe meine Haare in Form und stöckle zur Haustür. Da steht er, Pit, hinreißend wie eh und je, und zieht sich die verschneite Mütze vom Kopf.

»Mensch, hast du schöne Haare«, säuselt Mama neben ihm

und ist kurz davor, sie zu streicheln. »Ach, wenn ich dreißig Jahre jünger wäre.«

Oh nein, was macht sie da?

»Früher war ich ja ein echter Feger«, sie fährt sich lasziv durch die Haare, »ich meine, bin ich eigentlich immer noch, so was verlernt man ja nicht.« Sie schaut ihm tief in die Augen. »Und deine Augen, so blau wie, wie ...«

Sie hat meine Plätzchen auf dem Gewissen, schießt es mir plötzlich durch den Kopf.

»Wie die blaue Grotte!«

Oh Mann, Mütter können so peinlich sein. Jetzt will er bestimmt nichts mehr von mir. Bevor sie noch mehr Unheil anrichtet, gehe ich energisch dazwischen. »Besser du guckst jetzt wieder die Schwarzwaldklinik, Mama!«

»Schwarzwaldklinik?«

Ich mache ihr hektische Zeichen mit den Augen und endlich kapiert sie es. »Bin ja schon weg.«

»Danke!«

Sie geht, dreht sich aber wieder um. »Wenn du noch mal Fingerpuppen brauchst, egal welche, meine Nummer hast du ja.«

»Mama!«

Mama winkt Pit zu und verschwindet endgültig in ihrem

Zimmer. Genervt lasse ich meine Schultern sinken und seufze. Ich habe mal gelesen, dass sich Männer ihre Schwiegermütter immer genau anschauen. Daraus schließen sie dann, wie man später wird. Pit hat wahrscheinlich für immer genug gesehen.

»Zu viel Glühwein«, sage ich entschuldigend und lächle schief.

Pit grinst und fummelt an seiner Jacke rum. Okay, das war's. Er will gleich wieder gehen. Kann ich verstehen. Seltsamerweise zieht er sie aber nicht an, sondern ein kleines Geschenk heraus und überreicht es mir.

»Für mich?«

»Ist sonst noch jemand hier?«

Ich schüttle den Kopf und reiße das Geschenkpapier auf. Darunter kommt ein kleines Krümelmonster zum Vorschein.

Pit schaut mich erwartungsvoll an. »Unsere Lieblingsfigur.«

Ich kann nicht anders und küsse ihn auf die Wange. Pia Möckenberg, das glücklichste Mädchen der Welt. Dann schauen wir uns an, lächeln und kommen uns immer, immer näher …

Brinx, Thomas/Kömmerling, Anja:
Plätzchen, Punsch & Märchenprinz
ISBN 978 3 522 50146 0

Reihen- und Einbandgestaltung:
Birgit Schössow
Schrift: Stone Serif und Tapeside
Satz: KCS GmbH, Buchholz/Hamburg
Reproduktion: Medienfabrik, Stuttgart
Druck und Bindung: Friedrich Pustet,
Regensburg
Erstveröffentlichung aller Beiträge in
der Anthologie »Freche Mädchen – freche
Adventsgeschichten« 2008

5 4 3 2 1° 09 10 11 12

www.thienemann.de
www.frechemaedchen.de
www.brinx-koemmerling.de